WSEF-19-002

ふるさと
文部省唱歌

作曲：岡野貞一　編曲：郷間幹男

フレックス5（〜8）重奏

Part 1
Flute (Piccolo) / Oboe / E♭ Clarinet / B♭ Clarinet / Soprano Saxophone / B♭ Trumpet

Part 2
Flute / Oboe / B♭ Clarinet / Alto Saxophone / B♭ Trumpet

Part 3
B♭ Clarinet / Alto Saxophone / Tenor Saxophone / F Horn

Part 4
B♭ Clarinet / Tenor Saxophone / F Horn / Trombone / Euphonium

Part 5
Bassoon / Bass Clarinet / Baritone Saxophone / Euphonium (Trombone) / Tuba / String Bass

*Drums

*Percussion
Sus.Cymbal, Triangle, Claves, Tambourine

*Mallet
Glockenspiel

＊イタリック表記の楽譜はオプション

　高野辰之作詞、岡野貞一作曲の文部省唱歌です。岡野貞一は作曲家、オルガニストで東京音楽学校（現東京藝術大学）の教授職を務めながら、文部省唱歌の作曲に携わっていました。同じく教授職で国文学者の高野辰之とのコンビで作られた楽曲は、この『ふるさと』をはじめ、『春が来た』『もみじ』『春の小川』など、今日でもよく知られている唱歌ばかりです。中でも『ふるさと』は、日本人なら知らない人はいないのではないかというくらい有名で、ゆったりと温かい曲調はたくさんの人々に愛され続けています。今回は、色々な編成で演奏していただけるフレックスのアンサンブル楽譜にアレンジ。誰もが知っている曲なので、どんな演奏シーンでも活躍します！

フレックス5(〜8)重奏
ふるさと

岡野貞一 作曲
郷間幹男 編曲

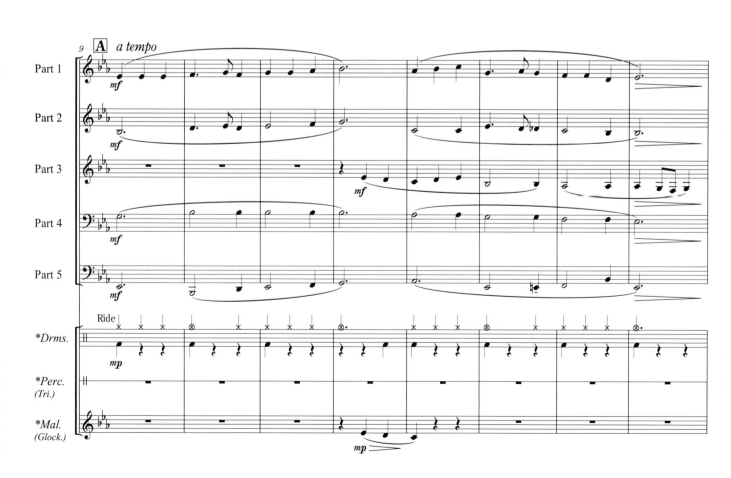

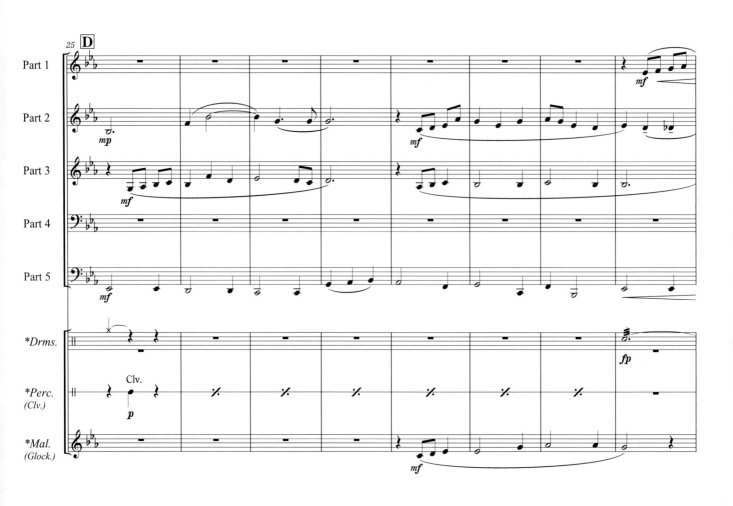

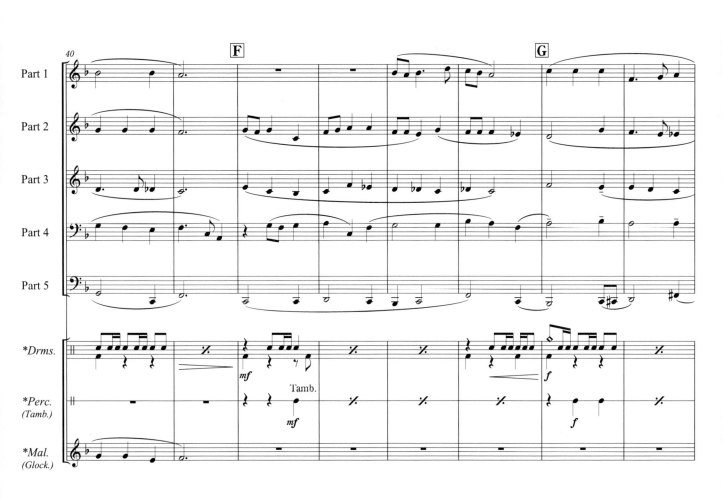

ご注文について

ウィンズスコアの商品は全国の楽器店、ならびに書店にてお求めになれますが、店頭でのご購入が困難な場合、当社WEBサイト・電話からのご注文で、直接ご購入が可能です。

◎当社WEBサイトでのご注文方法

http://www.winds-score.com

上記のURLへアクセスし、WEBショップにてご注文ください。

◎お電話でのご注文方法

TEL.0120-713-771

営業時間内に電話いただければ、電話にてご注文を承ります。

※この出版物の全部または一部を権利者に無断で複製(コピー)することは、著作権の侵害にあたり、著作権法により罰せられます。

※造本には十分注意しておりますが、万一、落丁・乱丁などの不良品がありましたらお取り替えいたします。また、ご意見・ご感想もホームページより受け付けておりますので、お気軽にお問い合わせください。

Part 1 (in C)

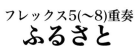
ふるさと
フレックス5(〜8)重奏

岡野貞一 作曲
郷間幹男 編曲

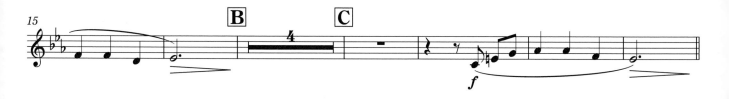

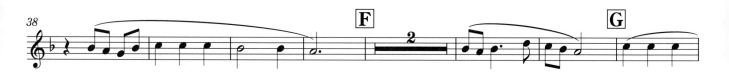

MEMO

Part 1
Flute (Piccolo)

フレックス5(〜8)重奏
ふるさと

岡野貞一 作曲
郷間幹男 編曲

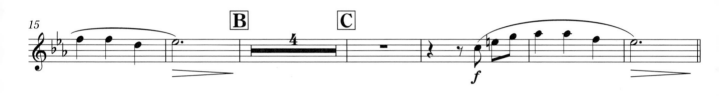

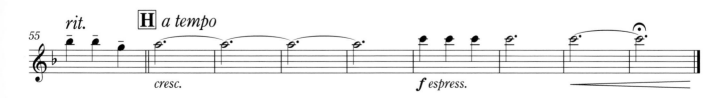

Part 1
Oboe

フレックス5(〜8)重奏
ふるさと

岡野貞一 作曲
郷間幹男 編曲

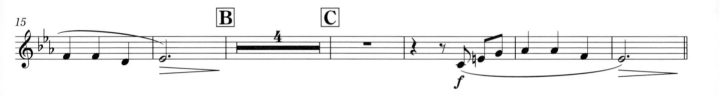

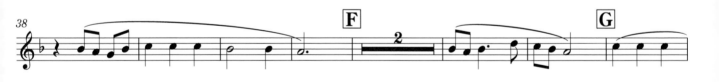

Part 1
E♭ Clarinet

フレックス5(〜8)重奏
ふるさと

岡野貞一 作曲
郷間幹男 編曲

ふるさと

フレックス5(〜8)重奏

岡野貞一 作曲
郷間幹男 編曲

Part 1
B♭ Clarinet

Part 1
Soprano Saxophone

フレックス5(〜8)重奏
ふるさと

岡野貞一 作曲
郷間幹男 編曲

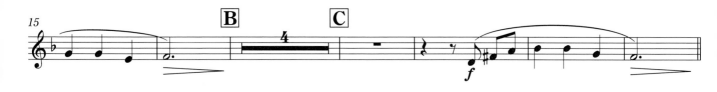

Part 1
B♭ Trumpet

フレックス5(〜8)重奏
ふるさと

岡野貞一 作曲
郷間幹男 編曲

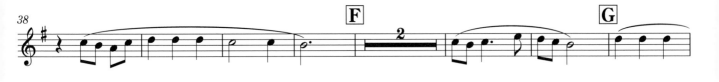

MEMO

MEMO

Part 3 (in C)

ふるさと

フレックス5(～8)重奏

岡野貞一 作曲
郷間幹男 編曲

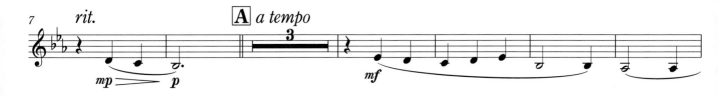

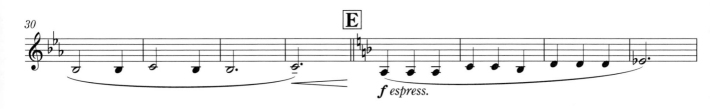

MEMO

Part 3
B♭ Clarinet

フレックス5(〜8)重奏
ふるさと

岡野貞一 作曲
郷間幹男 編曲

Part 3
Alto Saxophone

フレックス5(～8)重奏
ふるさと

岡野貞一 作曲
郷間幹男 編曲

Part 3
Tenor Saxophone

フレックス5(〜8)重奏
ふるさと

岡野貞一 作曲
郷間幹男 編曲

Part 3
F Horn

フレックス5(〜8)重奏
ふるさと

岡野貞一 作曲
郷間幹男 編曲

Part 4 (in C)

フレックス5(〜8)重奏
ふるさと

岡野貞一 作曲
郷間幹男 編曲

MEMO

ふるさと

フレックス5(〜8)重奏

Part 4
B♭ Clarinet

岡野貞一 作曲
郷間幹男 編曲

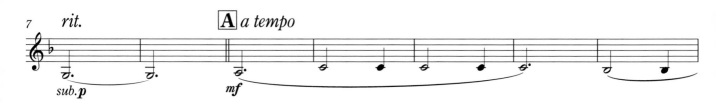

Part 4
Tenor Saxophone

フレックス5(～8)重奏
ふるさと

岡野貞一 作曲
郷間幹男 編曲

Part 4
F Horn

フレックス5(〜8)重奏
ふるさと

岡野貞一 作曲
郷間幹男 編曲

Part 5 (in C)

ふるさと

フレックス5(〜8)重奏

岡野貞一 作曲
郷間幹男 編曲

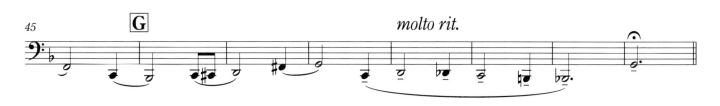

MEMO

Part 5
Bassoon

フレックス5(〜8)重奏
ふるさと

岡野貞一 作曲
郷間幹男 編曲

ふるさと

Part 5 — Baritone Saxophone
フレックス5(〜8)重奏

岡野貞一 作曲
郷間幹男 編曲

Part 5
Euphonium (Trombone)

フレックス5(〜8)重奏
ふるさと

岡野貞一 作曲
郷間幹男 編曲

Drums

フレックス5(～8)重奏
ふるさと

岡野貞一 作曲
郷間幹男 編曲

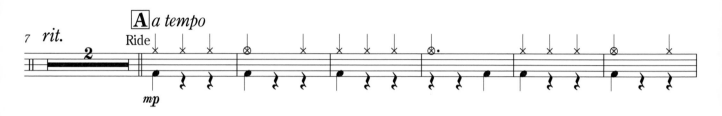
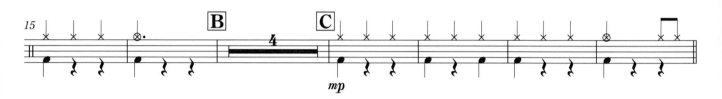

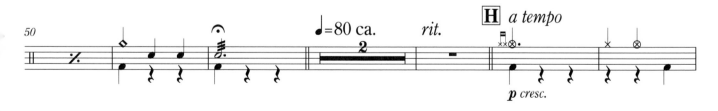

MEMO

Percussion
Sus.Cymbal, Triangle, Claves, Tambourine

フレックス5(~8)重奏
ふるさと

岡野貞一　作曲
郷間幹男　編曲

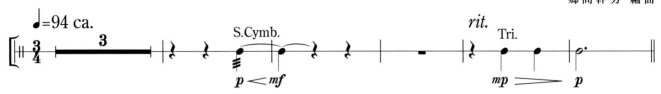
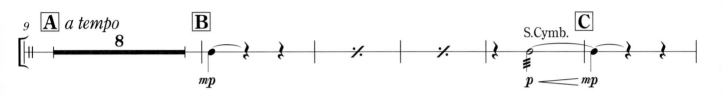
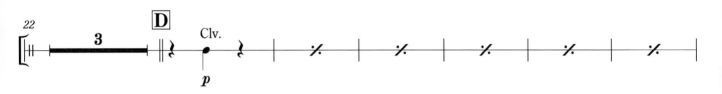

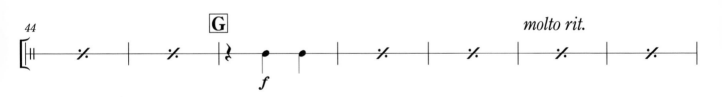
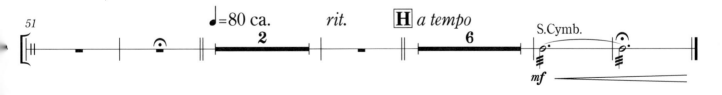

Mallet
Glockenspiel

フレックス5(〜8)重奏
ふるさと

岡野貞一　作曲
郷間幹男　編曲

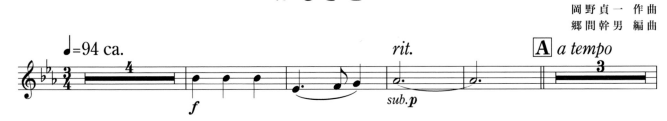
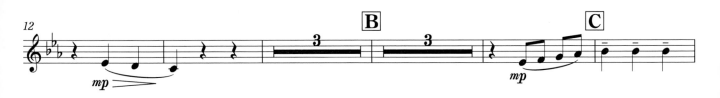
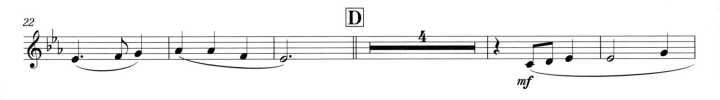